Michael Gerhardy

REZEPTE für den OPTIGRILL

Kreative und leckere Rezeptideen für den Kontaktgrill

riva

Inhalt

Vorwort 5
Wie funktioniert der OptiGrill und was kann er? 5
Tipps zum Gebrauch 6

FRÜHSTÜCK 8

Granola 10
Bananen-Schoko-Croissants 12
Croffle 14
Erdnuss-Marmelade-Sandwich 16
Gegrillte Avocado 18
Gefüllte Champignons 20

HAUPTGERICHTE 22

Asiatisches Flanksteak 24
Blitz-Pizza 26
Mit Teriyaki-Soße glasierter Lachs 28
Gefüllte Bratwurst im Speckmantel 30
Hähnchen-Quesadillas 32
Lammkoteletts vom Grill 34
Rouladen-Lollipop 36

SANDWICHES UND BURGER 38

Caesar-Salad-Sandwich 40
Grilled Cheese-Tomato-Sandwich 42
Grilled Chili-Cheese-Sandwich 44
Burger Hawaii 46

Classic Burger 48
Asia-Burger 50
Burger-Sandwich 52
Schweinebauch im Rohkost-Burger 54
Vegetarischer Burger 56
Vegetarisches Pulled Pork 58

SPIESSE 60

Würzige Hackfleischspieße 62
Hähnchenspieße 64
Bratwurstspieße 66
Gemüsespieße 68
Steakspieße 70
Garnelenspieße 72
Schaschlikspieße 74

SNACKS UND BEILAGEN 76

Gegrillter Römersalat 78
Gegrillte Zwiebeln 80
Feta im Yufkateig 82
Fladenbrot 83
Smashed Potatoes 84
Süßkartoffel-Türmchen 86

NACHTISCH 88

Ananasspieße 90
Gegrillte Pfirsiche 91
French Toast 92
Apfelringe 94

Vorwort

Das Grillen im Freien ist meine große Leidenschaft und wenn es die Zeit zulässt, nimmt dieses Hobby auch viel Platz ein. Warum dann also ein Buch über den OptiGrill?

Es gibt Momente, in denen das Wetter nicht zum Grillen im Garten einlädt oder es muss schnell und einfach gehen. Gerade in der letzten Zeit, in der wie bei vielen vermehrt das Homeoffice eine Option ist, wurde der OptiGrill für mich zu einem souveränen Partner. Schnell aufgebaut und aufgeheizt, brät er innerhalb der Mittagspause das Essen auf den Punkt.

Und auch wenn man bei dem Begriff »OptiGrill« erst mal an Spieße, Burger und Steaks denkt, ist das Gerät überaus vielseitig – und so kommt der Grill durchaus auch zum Frühstück oder beim Zubereiten von Desserts zum Einsatz.

Die Rezepte in diesem Buch sind von den Zutaten her einfach gehalten, damit man den OptiGrill schnell und unkompliziert nutzen kann. Wie aber meiner Meinung nach generell beim Umgang mit Lebensmitteln, sollte man qualitativ gute Produkte verwenden. Denn aus schlechten Grundprodukten kann selbst das beste Equipment keine Delikatessen zaubern. Also achtet schon beim Einkauf auf die Qualität, dann steht einem leckeren Grillvergnügen nichts mehr im Weg.

Wie funktioniert der OptiGrill und was kann er?

Von der Funktionsweise her ist der Grill relativ einfach aufgebaut: Das System besteht aus zwei Grillplatten, die durch jeweils eine Heizwendel elektrisch erhitzt werden. Da das Gericht bei dieser Bauart – im Gegensatz zum Grillgut auf einem »klassischen« Grill – von beiden Seiten geröstet wird, reduziert sich in der Regel die Zubereitungszeit. Zudem verhindert der geschlossene Deckel beim Grillen die Fettspritzer, die man sonst vom Braten her kennt.

Die große Stärke des OptiGrills aber ist mit Sicherheit die automatische Temperaturregelung für unterschiedliche Lebensmittel. Das bedeutet, dass man aus den vorgegebenen Programmen das passende Grundprodukt auswählt – und der OptiGrill regelt die benötigte optimale Temperatur.

Je nach OptiGrill-Variante kann man zwischen sechs bis neun Grillprogrammen für z. B. Hähnchen, Fisch, Steaks, Burger oder Sandwiches auswählen.

Zudem passt der Grill entsprechend der Dicke der Lebensmittel auch automatisch die Garzeit an. So kann man die eigenen Vorlieben perfekt treffen.

Bei den Plus-Geräten gibt es eine Erweiterung: Sollte mal kein passendes Programm zur Verfügung stehen, kann man auch ganz »klassisch« manuell über vier vorgegebene Temperaturstufen die gewünschte Grilltemperatur einstellen. Allerdings gibt es hier keine Garstufenanzeige, sodass man sich langsam herantasten muss.

Mit seinen 2000 Watt hat der Grill genügend Power, um sich schnell auf die gewünschte Temperatur vorzuheizen und dann das typische Grillmuster zu erzeugen. Trotz der hohen Leistung verhindern die antihaftbeschichteten Platten ein Festbrennen der Lebensmittel.

Weiterer positiver Nebeneffekt: Durch die Beschichtung benötigt man nur eine geringe Menge Öl und grillt so gesünder. Überschüssiges Fett oder sonstige Flüssigkeiten fließen zudem durch die leichte Neigung des Gerätes sauber in eine separate Auffangschale.

Tipps zum Gebrauch

Wenn das Gericht im OptiGrill gewendet oder gedreht werden muss, sollten auf jeden Fall Zangen oder Wender aus hitzebeständigem Kunststoff oder Holz zum Einsatz kommen. Ansonsten besteht die Gefahr, dass man die Antihaftbeschichtung der Platten beschädigt.

Bei einigen Rezepten erfüllt ein Kochlöffel aus Holz als Hilfsmittel noch einen weiteren Zweck: Normalerweise liegt die obere Grillplatte direkt auf dem Grillgut. Wenn man aber z. B. Käse für einen Cheeseburger auf dem Hackfleischpatty etwas anschmelzen möchte, würde der Käse dabei an der Platte kleben bleiben. Stellt man den Holzlöffel mit dem Ende hochkant zwischen die untere und die obere Grillplatte, hat man einen einfachen Abstandshalter.

Bei einer Grill-Variante mit manueller Temperaturauswahl muss man, wie bereits erwähnt, etwas herumexperimentieren oder ab und zu beim Grillen einen Blick auf das Essen werfen. Empfehlenswert ist hier ein Kerntemperatur-Thermometer, um das Übergaren der Produkte sicher zu verhindern – diese Thermometer sind mittlerweile kostengünstig erhältlich.

Im Allgemeinen brät der OptiGrill das Gericht schnell und mit hoher Temperatur, sodass man auch für eine größere Personenzahl die erforderlichen Mengen in mehreren Runden zubereiten kann. Hier sollte man aber zwischen den Runden darauf achten, dass der Grill unter Umständen wieder etwas Zeit zum Aufheizen braucht. Also immer abwarten, bis das Temperatursignal ertönt, bevor das

Grillgut aufgelegt wird – diese 5 Minuten sollte man auf jeden Fall beachten. Wichtig ist hier noch zu erwähnen, dass das Gerät mit geschlossenem Deckel aufgeheizt wird.

Bei mehreren Grillvorgängen hintereinander ist es zudem sinnvoll, die Grillplatten zwischendurch zu säubern, da sich trotz der Antihaftbeschichtung Essensreste festbrennen können. Hier bietet sich eine hitzebeständige Silikonbürste an, da durch die flexiblen Borsten die Oberfläche nicht beschädigt wird.

Die einfache Reinigung am Ende ist ein weiterer Pluspunkt. Die Grillplatten lassen sich auf Knopfdruck entriegeln und können so mit der Auffangschale einfach in der Spülmaschine gereinigt werden. Aber hier ist Vorsicht geboten – die Platten sollten zuvor abkühlen, da sie sich während des Grillens auf über 275 °C erhitzen können und dadurch extreme Verbrennungsgefahr besteht.

Wenn die Platten nur leicht verschmutzt sind, reicht auch etwas warmes Wasser mit einem Tropfen Geschirrspülmittel. Anschließend mit klarem Wasser abspülen und gut abtrocknen.

Das Gerät lässt sich von außen bei gezogenem Netzstecker mit einem Schwamm oder Lappen und etwas warmem Wasser leicht reinigen. Wenn man den OptiGrill sauber und trocken gut verstaut, hat man viele Jahre Freude an dem Gerät!

FRÜHSTÜCK

GRANOLA

ZEITBEDARF: 10 MINUTEN VORBEREITEN • 25 MINUTEN GRILLEN

ZUTATEN FÜR 10 PORTIONEN

150 g Haferflocken
50 g gehackte Nüsse (Walnüsse, Haselnüsse oder Mandeln nach Belieben)
3 EL Kokosöl
2 EL Honig
1 Prise Salz
1 Prise Zimt
2 TL Vanilleextrakt

Hilfsmittel:

Backpapier

1. Alle Zutaten gut miteinander verrühren.
2. Den Grill auf manueller Stufe »gelb« vorheizen.
3. Die Mischung auf eine Hälfte eines Backpapiers geben und mit der freien Hälfte zudecken.
4. Wenn der Grill heiß ist, die Mischung mit dem Backpapier auf den Grill legen.
5. Nach 15 Minuten den Grill öffnen, Backpapier aufklappen und das Ganze mit einer Gabel etwas auflockern. Danach weitere 10 Minuten grillen.
6. Das fertige Granola mit dem Papier herunternehmen und auskühlen lassen.

BANANEN-SCHOKO-CROISSANTS

ZEITBEDARF: 15 MINUTEN VORBEREITEN • 10 MINUTEN GRILLEN

ZUTATEN FÜR 6 PORTIONEN

- 1 Packung fertiger Croissantteig aus der Kühltheke (6 Stück)
- 6 TL Nuss-Nougat-Creme
- 1 Banane

1. Die einzelnen Croissant-Teigstücke ausrollen, die Dreiecke trennen und mit der Nuss-Nougat-Creme bestreichen.
2. Banane schälen und in Scheiben schneiden.
3. Jeweils 2 Bananenscheiben auf ein Croissant legen und zusammenrollen. An den Rändern sollte darauf geachtet werden, dass diese gut verschlossen sind. Am besten vor dem Grillen nochmals leicht andrücken.
4. Die Croissants auf der »Sandwich«-Stufe »goldbraun« grillen.

CROFFLE

ZEITBEDARF: 15 MINUTEN VORBEREITEN • 10 MINUTEN GRILLEN

ZUTATEN FÜR 5 PORTIONEN

1 Rolle Blätterteig aus dem Kühlregal (275 g)
50 g Schokodrops
50 g gehackte Nüsse

Schokosoße:

8 EL Milch
40 g zartbittere Schokodrops
30 g Zucker (oder weniger)
1 Prise Salz
etwas Vanilleextrakt

1. Blätterteig ausrollen und in 10 gleich große Rechtecke schneiden.
2. Die Hälfte der Rechtecke mit Schokodrops und den gehackten Nüssen bestreuen und die übrigen 5 Rechtecke jeweils darauflegen.
3. Im OptiGrill auf der »Sandwich«-Stufe für ca. 7–10 Minuten grillen.
4. Für die Schokosoße alle Zutaten unter Rühren erwärmen, bis sie sich miteinander verbunden haben.
5. Die fertigen Blätterteigrechtecke diagonal durchschneiden und zusammen mit der Schokosoße servieren.

ERDNUSS-MARMELADE-SANDWICH

ZEITBEDARF: 5 MINUTEN VORBEREITEN • 5-10 MINUTEN GRILLEN

ZUTATEN FÜR 2 PORTIONEN

4 Toastbrotscheiben
4 EL Erdnussbutter
2 EL Erdbeermarmelade

1. Die Toastbrotscheiben mit jeweils 1 El der Erdnussbutter bestreichen.
2. Auf 2 Scheiben jeweils 1 EL Erdbeermarmelade geben und etwas verstreichen.
3. Darauf jeweils 1 Toastscheibe mit Erdnussbutter legen und im OptiGrill auf der »Sandwich«-Stufe 5–10 Minuten grillen.

GEGRILLTE AVOCADO

ZEITBEDARF: 10 MINUTEN VORBEREITEN • 5 MINUTEN GRILLEN

ZUTATEN FÜR 4 PORTIONEN

2 nicht zu weiche Avocados
4 EL Olivenöl
½ Gurke
½ rote Zwiebel
1 Tomate
Salz und Pfeffer
Zucker
2 EL Weißweinessig

1. Avocados halbieren und entkernen. Die Schnittflächen mit etwas Olivenöl bestreichen.
2. Den OptiGrill auf manueller Stufe »gelb« aufheizen und die Avocadohälften ca. 4–5 Minuten grillen.
3. In der Zwischenzeit Gurke, Zwiebel und Tomate würfeln.
4. Mit Salz, Pfeffer, Zucker, restlichem Olivenöl und dem Weißweinessig marinieren.
5. Die Avocados auf einen Teller geben und in die Mulden den Salat geben.

GEFÜLLTE CHAMPIGNONS

ZEITBEDARF: 10 MINUTEN VORBEREITEN • 15 MINUTEN GRILLEN

ZUTATEN FÜR 4 PORTIONEN

- 4 große Champignons
- Olivenöl
- 1 Tomate
- 4 EL Frischkäse + etwas mehr zum Bestreuen
- 4 EL geriebener Käse
- Salz und Pfeffer
- Cayennepfeffer
- etwas Petersilie, gehackt

Hilfsmittel:

Kochlöffel aus Holz

1. Die Champignons säubern und den Stiel heraustrennen. Innen und außen mit etwas Öl bestreichen und innen salzen.
2. Die Tomate klein würfeln. Den Frischkäse mit dem geriebenen Käse und den Tomatenwürfeln vermischen. Mit Salz, Pfeffer und etwas Cayennepfeffer abschmecken.
3. Je 1 EL der Frischkäsemasse in einen Champignon geben und mit etwas geriebenem Käse bestreuen.
4. Den OptiGrill auf manueller Stufe »orange« aufheizen und die Champignons darin gute 15 Minuten grillen. Damit die obere Grillhälfte nicht auf den Champignon mit dem Käse drückt, einfach einen Holzlöffel hochkant zwischen die untere und obere Grillhälfte stellen.
5. Gegrillte Champignons auf einen Teller legen und etwas Petersilie zur Deko darübergeben.

HAUPT-GERICHTE

ASIATISCHES FLANKSTEAK

ZEITBEDARF: 2 STUNDEN MARINIEREN • 10 MINUTEN VORBEREITEN • 5-7 MINUTEN GRILLEN

ZUTATEN FÜR 3-4 PORTIONEN

ca. 600 g Flanksteak
100 ml Teriyaki-Soße
50 g Feldsalat

Dressing:

Olivenöl
1 EL Weißweinessig
1 Prise Salz
1 Prise Zucker
10 EL Mayonnaise
3 TL Sriracha-Soße
1 Baguette
1 Frühlingszwiebel, in Ringe geschnitten
grobes Meersalz

1. Das Flanksteak mit der Teriyaki-Soße (Rezept s. Seite 28) in einen Gefrierbeutel geben und für 2 Stunden marinieren.
2. Den Feldsalat mit etwas Olivenöl, Weißweinessig, Salz und Zucker marinieren.
3. Das Baguette in Scheiben schneiden und auf dem OptiGrill im manuellen Modus auf hoher Stufe kurz anrösten. Dann den OptiGrill auf die »Steak«-Stufe umstellen. Das Flanksteak »medium« grillen. Anschließend herausnehmen und kurz ruhen lassen.
4. Währenddessen die Mayonnaise mit der Sriracha-Soße verrühren und auf den Baguettescheiben verteilen. Auf jede Brotscheibe etwas Feldsalat legen. Das Fleisch gegen die Fasern in dünne Streifen schneiden und auf den Salat geben. Zum Schluss mit Frühlingszwiebelringen und Meersalz garnieren.

BLITZ-PIZZA

ZEITBEDARF: 10 MINUTEN VORBEREITEN • 10 MINUTEN GRILLEN

ZUTATEN FÜR 4 PORTIONEN

- 1 Fladenbrot
- 1 Dose stückige Tomaten (400 g)
- 1 TL Oregano
- 1 Prise Zucker
- Salz und Pfeffer
- 200 g geriebener Mozzarella
- 2 kleine Sucuk-Würste

Hilfsmittel:

Backpapier

1. Fladenbrot halbieren und in der Mitte aufschneiden. Tomaten mit Gewürzen verrühren und auf die Schnittfläche der Fladenbrothälften streichen. Mozzarella daraufstreuen. Die Sucuk-Würste in Scheiben schneiden und auf den Mozzarella legen.
2. Den Grill mit der »Sandwich«-Stufe aufheizen. Das Fladenbrot in den Grill legen, darauf ein Backpapier platzieren und dann den Grill schließen. Pizza für 10 Minuten grillen.

MIT TERIYAKI-SOSSE GLASIERTER LACHS

ZEITBEDARF: 25 MINUTEN FÜR DIE TERIYAKI-SOSSE • 10 MINUTEN VORBEREITEN • 5 MINUTEN GRILLEN

ZUTATEN FÜR 1 PORTION

½ Gurke
Salz
½ Chilischote
1 EL Sesamöl
1 Prise Zucker
200 g Lachsfilet
etwas gerösteter Sesam

Teriyaki-Soße:

200 ml Hühnerbrühe
40 ml Mirin
40 ml Sake
70 ml Sojasoße
75 g brauner Zucker
1 EL Sesamöl
1 Knoblauchzehe
1 haselnussgroßes Stück Ingwer
1 EL Maisstärke

1. Für die Teriyaki-Soße alle Zutaten außer der Maisstärke in einen Topf geben, aufkochen und etwas reduzieren lassen. Dann die Maisstärke in kaltem Wasser auflösen und damit die Soße binden.
2. Die Gurke in dünne Scheiben schneiden und mit Salz bestreuen, damit sie Wasser verliert. Chili in dünne Scheiben schneiden und zu den Gurken geben. Gurken und Chili mit Sesamöl und Zucker vermischen und ziehen lassen.
3. »Fisch«-Programm des OptiGrills anwählen und aufheizen lassen. In der Zwischenzeit den Lachs mit der Teriyaki-Soße bestreichen und dann grillen.
4. Gurkensalat auf den Teller geben. Darauf den Lachs setzen und nochmals mit der Soße bestreichen. Zum Abschluss etwas gerösteten Sesam darüberstreuen.

GEFÜLLTE BRATWURST IM SPECKMANTEL

ZEITBEDARF: 15 MINUTEN VORBEREITEN • 15 MINUTEN GRILLEN

ZUTATEN FÜR 4 PORTIONEN

4 Bratwürste
1 Handvoll Paprika-Nachos
8 EL geriebener Cheddar
12 Scheiben Bacon

1. Bratwürste fast komplett längs aufschneiden. Nachos zerkrümeln und mit dem Cheddar mischen. Die Würste mit der Nachos-Käse-Mischung füllen und anschließend mit den Baconscheiben fest umwickeln.
2. Die Bratwürste mit dem »Bratwurst«-Programm auf dem OptiGrill braten.

HÄHNCHEN-QUESADILLAS

ZEITBEDARF: 15 MINUTEN VORBEREITEN • 5 MINUTEN GRILLEN

ZUTATEN FÜR 2 PORTIONEN

- 300 g Hähnchenbrust
- Öl
- 1 EL Magic Dust (BBQ-Gewürzmischung)
- 1 Paprikaschote
- 1 Frühlingszwiebel
- Salz und Pfeffer
- 150 g Crème fraîche
- 4 Weizentortillas
- 150 g geriebener Käse

1. Hähnchenbrust in Streifen schneiden und mit etwas Öl und der Gewürzmischung marinieren. Die Paprikaschote vierteln und entkernen. Mit etwas Öl einreiben und 5 Minuten auf hoher Stufe im OptiGrill angrillen.
2. In der Zwischenzeit die Frühlingszwiebel längs halbieren und in feine Streifen schneiden. Die gegrillten Paprikastücke vom Grill nehmen, etwas salzen und ebenfalls in feine Streifen schneiden.
3. Die Hähnchenstreifen auf der »Geflügel«-Stufe im OptiGrill grillen und im Anschluss zu Paprika und Frühlingszwiebeln geben.
4. Crème fraîche mit etwas Salz und Pfeffer verrühren und jeweils 1–2 EL davon auf den Tortillas verteilen. Auf jeweils eine Hälfte der Tortillas etwas Käse, dann die Hähnchen-Gemüse-Mischung und wieder etwas Käse verteilen. Untere Hälfte darüberklappen und im OptiGrill auf der »Sandwich«-Stufe grillen.

LAMMKOTELETTS VOM GRILL

ZEITBEDARF: ÜBER NACHT MARINIEREN • 5-7 MINUTEN GRILLEN

ZUTATEN FÜR 4 PORTIONEN

1 kg Lammkoteletts
6 EL Öl
3 Knoblauchzehen, gehackt
1 EL Petersilie, gehackt
1 EL Rosmarin, gehackt
½ TL Salz
¼ TL Pfeffer

1. Lammkoteletts mit den restlichen Zutaten in einen Gefrierbeutel geben und über Nacht im Kühlschrank marinieren.
2. Die Koteletts im OptiGrill auf der »Steak«-Stufe grillen.

ROULADEN-LOLLIPOP

ZEITBEDARF: 20 MINUTEN VORBEREITEN • 7–10 MINUTEN GRILLEN

ZUTATEN FÜR 4 PORTIONEN

4 Rinderrouladen aus der Oberschale
Salz
4 El grünes Pesto (aus dem Glas)
150 g geriebener Mozzarella

Hilfsmittel:
Holz- und Metallspieße

1. Roulade etwas plattieren, salzen und mit Pesto bestreichen. Darauf dann den Mozzarella verteilen. Roulade zusammenrollen und im Abstand von ½ cm jeweils einen Spieß hindurchstechen.
2. Die Roulade nun zwischen den Spießen durchschneiden und die Scheiben auf der »Steak«-Stufe im OptiGrill grillen.

SANDWICHES UND BURGER

Maxim salutatus te
eum. cum aliquip
oblique fastidii

CAESAR-SALAD-SANDWICH

ZEITBEDARF: 10 MINUTEN VORBEREITEN • 10 MINUTEN GRILLEN • 5 MINUTEN FÜR DEN SALAT

ZUTATEN FÜR 4 PORTIONEN

8 Toastbrotscheiben
2 Hähnchenbrustfilets
1 TL Knoblauchgranulat
Salz und Pfeffer
2 Römersalatherzen

Dressing:

1 Knoblauchzehe
2 Sardellenfilets
2 TL Kapern
6 EL Mayonnaise
1 TL Dijonsenf
50 g Parmesan, gerieben
Saft von ½ Limette

1. Toastbrotscheiben im Grill auf hoher Stufe etwas antoasten. Hähnchenbrust mit Salz, Pfeffer und Knoblauchgranulat würzen, im OptiGrill auf der »Geflügel«-Stufe grillen und abkühlen lassen.
2. In der Zwischenzeit für das Dressing Knoblauch, Sardellen und Kapern klein hacken. Mit Mayonnaise, Senf und der Hälfte vom Parmesan vermischen. Mit Limettensaft, Salz und Pfeffer abschmecken.
3. Den Salat putzen und in Streifen schneiden. Die Hähnchenbrust ebenfalls in Streifen schneiden. Salat und Hähnchen mit dem Dressing mischen und auf 4 Toastbrotscheiben verteilen. Restlichen Parmesan darüberstreuen und mit einer Toastbrotscheibe bedecken.

GRILLED CHEESE-TOMATO-SANDWICH

ZEITBEDARF: 10 MINUTEN VORBEREITEN • 5 MINUTEN GRILLEN

ZUTATEN FÜR 1 PORTION

- ca. 60 g geriebenener Mozzarella
- 2 Toastbrotscheiben
- ½ Tomate
- Salz
- dunkler Balsamicoessig
- 1–2 Basilikumblätter
- 2 EL Mayonnaise

1. OptiGrill mit dem »Sandwich«-Programm aufheizen.
2. Die Hälfte des Mozzarellas auf eine Toastbrotscheibe geben. Die Tomate in dünne Scheiben schneiden und auf den Mozzarella legen. Etwas Salz und Balsamicoessig darübergeben.
3. Den Basilikum in feine Streifen schneiden und ebenfalls auf die Tomaten geben. Zum Schluss den restlichen Mozzarella auf die Tomaten streuen und mit der anderen Toastbrotscheibe abschließen.
4. Beide Scheiben von außen mit etwas Mayonnaise bestreichen und das Sandwich im OptiGrill grillen.

GRILLED CHILI-CHEESE-SANDWICH

ZEITBEDARF: 10 MINUTEN VORBEREITEN • 5 MINUTEN GRILLEN

ZUTATEN FÜR 2 PORTIONEN

- 2 EL Frischkäse
- 2 EL geriebener Cheddar
- 2 EL geriebener Mozzarella
- 1 Prise Salz
- 1 TL Worcestershiresoße
- Jalapeños, in feine Ringe geschnitten (Menge je nach gewünschter Schärfe)
- 4 Toastbrotscheiben
- 4 EL Mayonnaise
- ½ TL Knoblauchpulver

1. Frischkäse, Cheddar und Mozzarella mit 1 Prise Salz und der Worcestershiresoße vermischen. Nach Belieben Jalapeño-Ringe unterheben.
2. 2–3 EL der Masse auf eine Toastbrotscheibe geben und eine weitere Scheibe darauflegen. Die Mayonnaise mit etwas Knoblauchpulver verrühren. Beide Seiten des Toasts von außen damit bestreichen.
3. Auf der »Sandwich«-Stufe goldbraun grillen.

BURGER HAWAII

ZEITBEDARF: 15 MINUTEN VORBEREITEN • 5-7 MINUTEN GRILLEN

ZUTATEN FÜR 2 PORTIONEN

Sriracha-Mayonnaise:
4 EL Mayonnaise
1 TL Sriracha-Soße
1 TL Tomatenmark
Salz
250 g Rinderhackfleisch
Salz und Pfeffer
2 Scheiben Ananas
2 Scheiben Cheddar
2 Burger-Buns
etwas Feldsalat

1. Die Mayonnaise mit der Sriracha-Soße und dem Tomatenmark verrühren und mit Salz abschmecken.
2. Den OptiGrill auf der »Burger«-Stufe vorheizen.
3. Das Hackfleisch mit Salz und Pfeffer würzen und zu 2 Pattys formen.
4. Die Pattys und die Ananasscheiben auf der »Burger«-Stufe grillen.
5. Am Ende die Cheddarscheiben auf die Pattys legen. Die unteren Hälften der Burger-Buns mit der Sriracha-Mayo bestreichen und etwas Feldsalat daraufgeben. Die gebratenen Pattys und die Ananasscheiben darauflegen.
6. Die oberen Bun-Hälften ebenfalls mit etwas Mayo bestreichen und auf den Burger setzen.

Meis dicat urbanitas
Mazim salutatus te
eum, cum aliquip
oblique fastidii
sed
1914 AN
EU OFFI
SING

CLASSIC BURGER

ZEITBEDARF: 15 MINUTEN VORBEREITEN • 5–7 MINUTEN GRILLEN

ZUTATEN FÜR 2 PORTIONEN

250 g Rinderhackfleisch
Salz und Pfeffer

Burgersoße:

10 EL Mayonnaise
5 EL Ketchup
1 TL Dijonsenf
1 TL Worcestershiresoße
Salz und Pfeffer
1 Tomate
1 kleine rote Zwiebel
2 Scheiben Cheddar
2 Burger-Buns
etwas (Eisberg-)Salat

Hilfsmittel:

Kochlöffel aus Holz

1. Hackfleisch gut mit Salz und Pfeffer würzen und zu 2 Pattys formen.
2. OptiGrill auf »Burger«-Stufe vorheizen.
3. Für die Burgersoße alle Zutaten miteinander verrühren und mit Salz und Pfeffer abschmecken.
4. Tomate und Zwiebel in Scheiben bzw. Ringe schneiden.
5. Die Pattys auf dem OptiGrill grillen.
6. Zum Schluss die Cheddarscheiben auf die Pattys legen. Den Holzkochlöffel zwischen die beiden geschlossenen Grillplatten stellen und den Käse etwas angrillen.
7. Die beiden Hälften der Buns jeweils mit der Burgersoße bestreichen.
8. Etwas Salat und Zwiebelringe auf die unteren Hälften legen, dann den Patty und 1–2 Tomatenscheiben. Die Deckel daraufsetzen.

ASIA-BURGER

ZEITBEDARF: 3 STUNDEN MARINIEREN • 10 MINUTEN VORBEREITEN • 10 MINUTEN GRILLEN

ZUTATEN FÜR 2 PORTIONEN

- 2 Pollo fino (ausgelöste Hähnchenoberschenkel)
- 80 ml Sojasoße
- 2 Knoblauchzehen, gepresst
- 1 haselnussgroßes Stück Ingwer, gerieben
- 6 EL Mayonnaise
- 2 EL Ponzu-Soße
- 4 Shiitakepilze
- Sesamöl zum Einpinseln
- 1 Pak Choi
- 2 Burger-Buns

Hilfmittel:

Gefrierbeutel

1. Das Hähnchen mit Sojasoße, der Hälfte des Knoblauchs und dem Ingwer in einen Gefrierbeutel geben. 2–3 Stunden marinieren.
2. Den OptiGrill mit dem »Geflügel«-Programm vorheizen.
3. Die Mayonnaise mit dem restlichen Knoblauch und der Ponzu-Soße verrühren.
4. Die Shiitakepilze salzen und mit etwas Sesamöl einpinseln.
5. Hähnchen und Pilze auf dem OptiGrill braten.
6. In der Zwischenzeit den Pak Choi putzen.
7. Buns aufschneiden, mit der Mayo-Mischung bestreichen und die Pak-Choi-Blätter auf die untere Hälfte legen.
8. Darauf das Hähnchen und die Shiitakepilze geben und mit dem Brötchendeckel abschließen.

BURGER-SANDWICH

ZEITBEDARF: 15 MINUTEN VORBEREITEN • 5-7 MINUTEN GRILLEN

ZUTATEN FÜR 2 PORTIONEN

6 Toastbrotscheiben
500 g Rinderhackfleisch
Salz und Pfeffer
2 Scheiben Cheddar
¼ Kopf Eisbergsalat (in Streifen geschnitten)

Burgersoße:

100 g Mayonnaise
2 eingelegte Gurken, klein gehackt
2 EL Gurkenwasser
1 TL Zwiebel, fein gehackt
2 TL Senf
½ TL Paprikapulver
¼ TL Knoblauchpulver
Salz und Pfeffer

Hilfsmittel:

Kochlöffel aus Holz

1. Die Toastbrotscheiben im OptiGrill toasten.
2. Das Hackfleisch salzen und pfeffern und zu 4 Pattys in Größe der Toastbrotscheiben formen.
3. OptiGrill auf »Burger«-Stufe vorheizen und die Pattys darin grillen.
4. In der Zwischenzeit alle Soßenzutaten miteinander verrühren und mit Salz und Pfeffer abschmecken.
5. Auf 2 der 4 Pattys die Cheddarscheiben legen. Einen hölzernen Kochlöffel hochkant zwischen Ober- und Unterplatte des Grills stellen, damit der Käse noch etwas erwärmt wird.
6. Zum Anrichten auf 2 Toastbrotscheiben 1–2 EL der Soße geben.
7. Darauf dann etwas von dem Eisbergsalat verteilen.
8. Auf den Eisbergsalat einen Patty mit dem Käse geben und eine Toastbrotscheibe darauflegen.
9. Eine weitere Toastbrotscheibe mit Soße bestreichen und Eisbergsalat draufgeben.
10. Den zweiten Patty ohne Käse auf den Salat setzen und mit einer Toastbrotscheibe abschließen. Schmeckt wie ein Big Mac!

SCHWEINEBAUCH IM ROHKOST-BURGER

ZEITBEDARF: 15 MINUTEN VORBEREITEN • 15 MINUTEN GRILLEN

ZUTATEN FÜR 2 PORTIONEN

½ Gurke
2 Radieschen
1 Karotte
2 Scheiben Schweinebauch
Salz und Pfeffer
2 Burger-Buns
2 EL Mayonnaise

Dressing:

1 kleine Knoblauchzehe, gepresst
4 EL Pflanzenöl
1 EL Sesamöl
2 TL brauner Zucker
1 haselnussgroßes Stück Ingwer, gerieben
2 EL Apfelessig
Salz und Pfeffer

1. Gurke längs halbieren, das Innere mit einem Löffel auskratzen.
2. Die Gurke und Radieschen in dünne Scheiben schneiden.
3. Karotte in feine Stifte schneiden.
4. Die Zutaten für das Dressing in ein Glas geben und vermischen, bis sich alles miteinander verbunden hat. Am Ende mit Salz und Pfeffer abschmecken und über das Gemüse geben.
5. OptiGrill auf der »Steak«-Stufe vorheizen.
6. Die Schweinebauchscheiben mit Salz und Pfeffer würzen und grillen.
7. Die Buns aufschneiden und mit etwas Mayonnaise bestreichen.
8. Auf die untere Hälfte jeweils zuerst etwas von dem marinierten Rohkostsalat geben und darauf eine gegrillte Bauchscheibe legen. Mit der oberen Brötchenhälfte bedecken.

VEGETARISCHER BURGER

ZEITBEDARF: 10 MINUTEN VORBEREITEN • 20–30 MINUTEN GRILLEN

ZUTATEN FÜR 4 PORTIONEN

1 Blumenkohl
6 EL Rapsöl
½ TL Kreuzkümmel
1 TL Salz
1 TL Paprikapulver
50 g Rucola
Olivenöl
1 Prise Zucker
Weißweinessig
1 EL Currypulver
4 EL Mayonnaise
1 Spritzer Limettensaft
Salz
4 Burger-Buns

1. Blumenkohl putzen und in 1 cm dicke Scheiben schneiden. Öl mit Gewürzen verrühren und die Blumenkohlscheiben damit einpinseln. Im OptiGrill auf mittlerer Stufe für 20–30 Minuten grillen, bis sie außen braun und innen weich sind.
2. In der Zwischenzeit den Rucola mit etwas Olivenöl, Zucker und Essig marinieren.
3. Die Mayonnaise mit dem Currypulver und etwas Limettensaft verrühren, bei Bedarf noch mit Salz abschmecken.
4. Auf den unteren Hälften der Buns etwas Curry-Mayonnaise verstreichen. Darauf den Blumenkohl geben, mit etwas Rucola toppen und den Deckel draufsetzen.

VEGETARISCHES PULLED PORK

ZEITBEDARF: 30 MINUTEN FÜR DIE BBQ-SOSSE • 5 MINUTEN VORBEREITEN • 5 MINUTEN GRILLEN

ZUTATEN FÜR 2 PORTIONEN

BBQ-Soße:

250 ml passierte Tomaten
1 EL Tomatenmark
3 EL brauner Zucker
1 TL Worcestershiresoße
2 EL Apfelessig
½ TL Zwiebelgranulat
½ TL Knoblauchgranulat
½ TL geräuchertes Paprikapulver
1 Prise Cayennepfeffer
Salz und Pfeffer

Burger:

1 Dose Jackfruit (400 g)
Salz
2 Burger-Buns
Krautsalat (optional)

1. Für die BBQ-Soße alle Zutaten in einen Topf geben, gut verrühren und das Ganze etwas einkochen lassen.
2. Die Jackfruit abgießen, in eine Schüssel geben und etwas salzen.
3. Den OptiGrill im manuellen Modus auf die höchste Stufe stellen.
4. Die Jackfruit auf der Grillfläche verteilen und 5 Minuten grillen.
5. Danach die Jackfruit mit 4 EL BBQ-Soße wieder in die Schüssel geben.
6. Das Ganze gut verrühren und größere Stücke mit 2 Gabeln zerpflücken.
7. Burger-Buns aufschneiden, kurz angrillen und die Jackfruit-Mischung jeweils auf einer Hälfte verteilen. Zusätzlich nach Belieben noch etwas Krautsalat dazugeben. Mit der oberen Hälfte der Buns bedecken.

SPIESSE

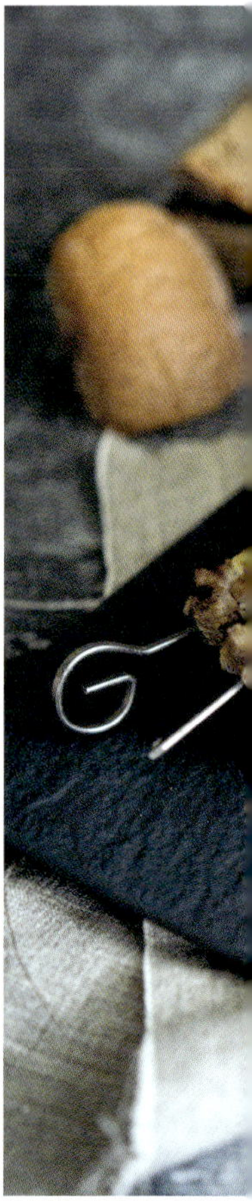

TO PLASTIC BAG-STYLE

WÜRZIGE HACKFLEISCH-SPIESSE

ZEITBEDARF: 10 MINUTEN VORBEREITEN • 10 MINUTEN GRILLEN

ZUTATEN FÜR 6 PORTIONEN

2 Knoblauchzehen
1 ½ EL Salz
½ EL Kreuzkümmel
1 EL Paprikapulver
½ EL Pfeffer
1 EL Tomatenmark
750 g Hackfleisch

Hilfsmittel:

Holz- oder Metallspieße

1. Die Knoblauchzehen fein würfeln und mit den Gewürzen und dem Tomatenmark zum Hackfleisch geben. Alle Zutaten gut durchkneten. Die Hände mit etwas Wasser anfeuchten und das Hackfleisch um die Spieße drücken.
2. Die Spieße auf dem OptiGrill mit der »Burger«-Stufe braten.

HÄHNCHENSPIESSE

ZEITBEDARF: 2-3 STUNDEN MARINIEREN • 10 MINUTEN VORBEREITEN • 10 MINUTEN GRILLEN

ZUTATEN FÜR 4-6 PORTIONEN

Marinade:

1 TL Knoblauchpulver
1 TL Zwiebelpulver
1 TL brauner Zucker
2 TL geräuchertes Paprikapulver
½ TL Kreuzkümmel
½ TL Salz
½ TL Pfeffer
1 TL Sesam
500 g Hähnchenbrust
1 Stangensellerie

Hilfsmittel:

Holz- oder Metallspieße

1. Die Gewürze für die Marinade in einer Schüssel gut vermischen.
2. Die Hähnchenbrust in mundgerechte Würfel schneiden. In einer Schüssel die Hähnchenwürfel mit etwas Öl und 1–2 EL der Gewürzmischung mischen und für 2–3 Stunden marinieren.
3. Stangensellerie putzen und in gleich große Stücke wie das Hähnchenfleisch schneiden.
4. Abwechselnd Hähnchen und Sellerie aufspießen.
5. Die Spieße mit dem »Hähnchen«-Programm im OptiGrill kross braten.

BRATWURSTSPIESSE

ZEITBEDARF: 15 MINUTEN VORBEREITEN • 15 MINUTEN GRILLEN

ZUTATEN FÜR 4 PORTIONEN

- 4 verschiedene Bratwürste
- 1 Packung Teig für Fertigbrötchen aus dem Tiefkühlregal

Hilfsmittel:

Holz- oder Metallspieße

1. Die Bratwürste in mundgerechte Stücke schneiden. Aus dem Brötchenrohteig kleine Kugeln formen, die ungefähr die Größe der Wurststücke haben. Auf die Spieße immer abwechselnd Wurst und Brötchenteig aufreihen.
2. Die Spieße mit dem »Würstchen«-Programm im OptiGrill für 10–15 Minuten braten.

GEMÜSESPIESSE

ZEITBEDARF: 30 MINUTEN VORBEREITEN • 10 MINUTEN GRILLEN

ZUTATEN FÜR 6 PORTIONEN

Marinade:

4 EL Olivenöl
2 EL Thymian, gehackt
2 EL Rosmarin, gehackt
2 EL Oregano, gehackt
1 Knoblauchzehe, gepresst
Abrieb und Saft von ½ Zitrone
Salz und Pfeffer

Spieße:

10–12 Kirschtomaten
2 Paprikaschoten
2 Zucchini
2 rote Zwiebeln
2 Kräutersaitlinge

Hilfsmittel:

Holz- oder Metallspieße

1. Für die Marinade das Olivenöl und die Kräuter in eine Schüssel geben.
2. Knoblauch, Zitronenabrieb und -saft dazugeben und alles gut verrühren.
3. Kräftig mit Salz und Pfeffer würzen und abschmecken.
4. Das Gemüse (außer den Tomaten) und die Kräutersaitlinge in mundgerechte Stücke schneiden und zu der Marinade geben. Die Tomaten im Ganzen dazugeben.
5. Gemüse gut durchmischen und etwas ziehen lassen.
6. Den OptiGrill auf manueller Stufe »gelb« vorheizen.
7. In der Zwischenzeit die Gemüsestücke abwechselnd auf die Spieße stecken.
8. Danach die Spieße ca. 10 Minuten grillen.

STEAKSPIESSE

ZEITBEDARF: 30 MINUTEN VORBEREITEN • 10 MINUTEN GRILLEN

ZUTATEN FÜR 5 PORTIONEN

500 g Rumpsteak
1 rote Zwiebel
1 grüne Paprikaschote
2 EL Olivenöl
Salz und Pfeffer

Käsesoße:

2 EL Butter
2 EL Mehl
250 ml Milch
100 g geriebener Cheddar
½ TL Knoblauchpulver
½ TL Paprikapulver
1 Prise Salz
½ Chilischote

Hilfsmittel:

Holz- oder Metallspieße

1. Rumpsteak in gleichmäßige Würfel schneiden. Zwiebel schälen und das Kerngehäuse der Paprikaschote entfernen. Gemüse in gleich große Scheiben schneiden. Fleisch und Gemüse in einer Schüssel mit etwas Olivenöl, Salz und Pfeffer marinieren.
2. Für die Käsesoße in einem Topf Butter unter niedriger Hitze schmelzen lassen und das Mehl hinzugeben. Mit einem Schneebesen umrühren und etwas anschwitzen lassen.
3. Die Milch unter Rühren nach und nach hinzugeben.
4. Den Käse unterrühren und die Gewürze dazugeben.
5. Die Chili in feine Würfel schneiden und in die Käsesoße geben.
6. Alles gut durchrühren, mit Salz abschmecken und bei niedriger Stufe warm halten.
7. Fleisch-, Zwiebel- und Paprikastücke auf Spieße stecken und im vorgeheizten OptiGrill auf der »Steak«-Stufe braten.
8. Spieße auf einen Teller legen und etwas Käsesoße darübergeben.

GARNELENSPIESSE

ZEITBEDARF: 10 MINUTEN VORBEREITEN • 1 STUNDE MARINIEREN • 5-7 MINUTEN GRILLEN

ZUTATEN FÜR 6 PORTIONEN

Marinade:

5 EL Olivenöl
2 TL brauner Zucker
1 Knoblauchzehe, gepresst
1 TL geräuchertes Paprikapulver
Salz und Pfeffer
etwas Limettensaft

Spieße:

1 Zucchini
500 g Garnelen

Hilfsmittel:

Holz- oder Metallspieße

1. Alle Zutaten für die Marinade in eine Schüssel geben und verrühren.
2. Zucchini zuerst in Scheiben schneiden und diese dann nochmals halbieren.
3. Die Garnelen unter Wasser abspülen und mit den Zucchinischeiben für ca. 1 Stunde in die Marinade geben.
4. Nach dem Marinieren die Garnelen und Zucchini abwechselnd auf Spieße stecken.
5. Die Garnelenspieße mit dem »Fisch«-Programm grillen.

SCHASCHLIKSPIESSE

ZEITBEDARF: ÜBER NACHT + 2 STUNDEN VOR DEM GRILLEN MARINIEREN • 10 MINUTEN GRILLEN

ZUTATEN FÜR 6 PORTIONEN

4 Zwiebeln
Salz und Pfeffer
1 kg Schweinenacken
1 Knoblauchzehe
500 g Joghurt
1 Kiwi

Hilfsmittel:

Gefrierbeutel
Holz- oder Metallspieße

1. Am Vortag die Zwiebeln in Halbringe schneiden und in einen großen Gefrierbeutel geben. Salz über die Zwiebeln streuen und im geschlossenen Beutel gut durchkneten, sodass der Saft austritt.
2. Den Schweinenacken in etwas größere Würfel (ca. 2 cm) schneiden und zu den Zwiebeln geben.
3. Knoblauch in kleine Würfel schneiden und ebenfalls in den Beutel geben.
4. Die Mischung gut pfeffern und den Joghurt dazugeben. Das Ganze verschließen, gut verkneten und über Nacht durchziehen lassen.
5. 2 Stunden vor dem Grillen die Kiwi schälen und in grobe Stücke schneiden. Die Kiwistücke zu der Fleisch-Joghurt-Mischung geben und wieder gut durchkneten.
6. Nach 2 Stunden die Schweinenackenwürfel aus der Marinade nehmen und auf Spieße stecken. Im OptiGrill mit dem »Steak«-Programm knusprig braten.

SNACKS UND BEILAGEN

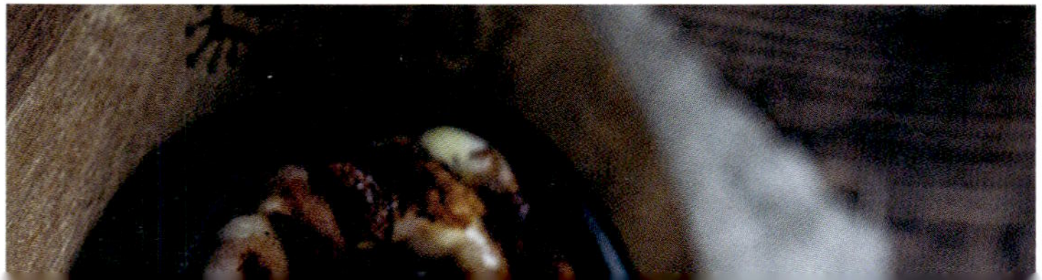

GEGRILLTER RÖMERSALAT

ZEITBEDARF: 5 MINUTEN VORBEREITEN • 5 MINUTEN GRILLEN

ZUTATEN FÜR 4 PORTIONEN

2 Römersalatherzen
Öl zum Bestreichen
2 EL Granatapfelkerne

Dressing:

6 EL Olivenöl
2 EL Weißweinessig
1 EL Zitronensaft
1 TL Zucker
Salz und Pfeffer

1. Salat halbieren und die Schnittflächen mit etwas Öl bestreichen. Im OptiGrill für 3–5 Minuten grillen.
2. Alle Zutaten für das Dressing gut miteinander verquirlen
3. Den Salat auf einen Teller legen, mit dem Dressing beträufeln und Granatapfelkerne darüberstreuen.

GEGRILLTE ZWIEBELN

ZEITBEDARF: 15 MINUTEN VORBEREITEN • 7–10 MINUTEN GRILLEN

ZUTATEN FÜR 2 PORTIONEN

- 2 Gemüsezwiebeln
- 1 Mozzarella (ca. 200 g)
- 2 Packungen Bacon-Scheiben (150 g)
- BBQ-Soße nach Wahl

1. Zwiebeln schälen und in 1 cm dicke Scheiben bzw. Ringe schneiden. Den Mozzarella ebenfalls in 1 cm dicke Streifen schneiden.
2. Mozzarellastreifen um einen Zwiebelring legen und darüber einen größeren Zwiebelring platzieren. Die Zwiebel-Mozzarella-Kombination mit Speck umwickeln. Mit den übrigen Ringen und Mozzarellascheiben auf die gleiche Weise fortfahren: Zwiebelring – Mozzarellastreifen – Zwiebelring – Speck.
3. Den OptiGrill auf manueller Stufe »orange« aufheizen und die Päckchen je nach Dicke für 5–7 Minuten grillen. Wenn sie knusprig sind, dann mit etwas BBQ-Soße bepinseln und nochmals kurz für 1–2 Minuten weitergrillen.

FETA IM YUFKATEIG

ZEITBEDARF: 15 MINUTEN VORBEREITEN • 10 MINUTEN GRILLEN

ZUTATEN FÜR 4 PORTIONEN

- 2 Packungen Feta am Stück (à 180 g)
- 8 Yufka-Teigblätter
- 8 TL frischer Thymian
- 2 EL Butter, geschmolzen
- Honig

1. Je einen Feta in 4 gleich große Stücke schneiden. Den Yufkateig anfeuchten und mit der Butter bestreichen. Ein Stück Feta auf den Teig legen und etwas Thymian darüberstreuen. Den Feta mit dem Teig einwickeln und nochmals außen mit Butter bestreichen.
2. Die Feta-Päckchen im OptiGrill auf der »Sandwich«-Stufe grillen. Die Päckchen auf einen Teller setzen, mit etwas Honig beträufeln und mit dem restlichen Thymian bestreuen.

FLADENBROT

ZEITBEDARF: 2 STUNDEN VORBEREITEN • 7 MINUTEN GRILLEN

ZUTATEN FÜR 6-8 PORTIONEN

250 g Mehl
100 ml Wasser
1 Päckchen Trockenhefe
70 g Joghurt
2 TL Salz
2 TL Zucker
2 EL Öl

1. Alle Zutaten miteinander per Hand oder in der Küchenmaschine für 10–15 Minuten verkneten, bis ein elastischer Teig entstanden ist. Den Teig an einem warmen Ort für 1–1½ Stunden gehen lassen. Danach nochmals auf einer Arbeitsfläche durchkneten und in 6–8 gleich große Brötchen aufteilen.
2. Im OptiGrill auf manueller Stufe »gelb« für 7 Minuten grillen.

SMASHED POTATOES

ZEITBEDARF: 30 MINUTEN VORBEREITEN • 10 MINUTEN GRILLEN

ZUTATEN FÜR 5 PORTIONEN

1 kg festkochende Kartoffeln
Öl
Salz und Pfeffer

Kräuterbutter:

100 g Butter, zimmerwarm
1 Knoblauchzehe, gehackt
1 EL Petersilie, gehackt
1 EL Thymian
1 Spritzer Zitronensaft
Salz und Pfeffer

1. Die Kartoffeln säubern und in Salzwasser ca. 20 Minuten kochen. Auf einen flachen Untergrund legen und mit einer Pfanne oder einem Topf platt drücken. Jede Kartoffel mit etwas Öl bestreichen und mit Salz und Pfeffer würzen. Die Kartoffeln auf manueller Stufe »gelb« grillen, bis die Oberfläche schön geröstet ist.
2. Für die Kräuterbutter die Butter mit den restlichen Zutaten in eine Schüssel geben, gut vermischen und mit Zitronensaft, Salz und Pfeffer abschmecken.
3. Die Kartoffeln auf einen Teller legen und die Kräuterbutter darübergeben.

SÜSSKARTOFFEL-TÜRMCHEN

ZEITBEDARF: 30 MINUTEN VORBEREITEN • 5 MINUTEN GRILLEN

ZUTATEN FÜR 4 PORTIONEN

1 Aubergine
Salz
2 Süßkartoffeln

Honig-Senf-Dressing:

2 EL Olivenöl
1 EL Weißweinessig
1 EL Honig
1 TL Dijonsenf
Salz und Pfeffer

1. Aubergine in 1 cm dicke Scheiben schneiden und salzen, damit Flüssigkeit entzogen wird.
2. Süßkartoffeln säubern und ca. 20 Minuten in Salzwasser kochen. Etwas abkühlen lassen und in 1 cm dicke Scheiben schneiden.
3. Die Gemüsescheiben im vorgeheizten OptiGrill auf manueller Stufe »rot« ca. 5 Minuten grillen.
4. Für das Dressing Öl, Essig, Honig und Senf in ein verschließbares Gefäß geben und schütteln, bis eine glatte Emulsion entstanden ist. Mit Salz und Pfeffer abschmecken.
5. Auf einem Teller abwechselnd Süßkartoffel- und Auberginenscheiben stapeln und am Schluss mit dem Dressing beträufeln.

NACHTISCH

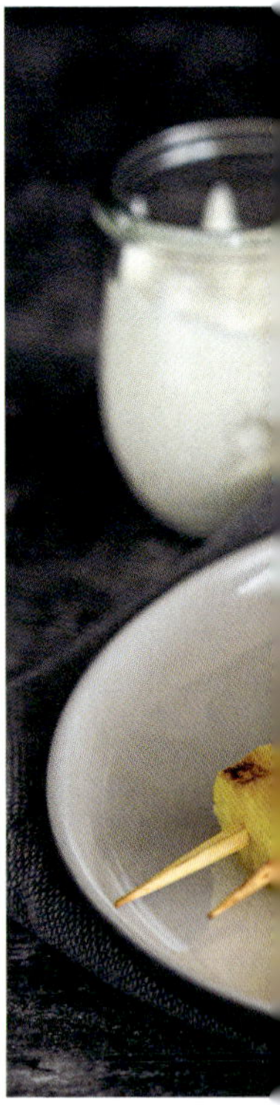

ANANASSPIESSE

ZEITBEDARF: 15 MINUTEN VORBEREITEN • 7-10 MINUTEN GRILLEN

ZUTATEN FÜR 6 PORTIONEN

1 Ananas
4 EL Cointreau
etwas brauner Zucker

1. Die Ananas schälen und in mundgerechte Stücke schneiden. In einer Schüssel mit etwas Cointreau marinieren.
2. Den OptiGrill auf manueller Stufe »orange« vorheizen. Die Ananasspieße mit braunem Zucker bestreuen und im OptiGrill grillen.

GEGRILLTE PFIRSICHE

ZEITBEDARF: 10 MINUTEN VORBEREITEN • 5 MINUTEN GRILLEN

ZUTATEN FÜR 4 PORTIONEN

- 2 Pfirsiche
- 1 Schuss Amaretto
- 2 TL brauner Zucker
- 6 EL griechischer Joghurt
- Saft und Abrieb von ½ Limette
- 1 TL Ahornsirup
- 4 TL gehackte Pistazien

1. Die Pfirsiche halbieren und entkernen. Etwas Amaretto und braunen Zucker auf die Schnittflächen geben. Die Pfirsichhälften auf dem OptiGrill auf manueller Stufe »rot« für ca. 5 Minuten grillen.
2. In der Zwischenzeit den Joghurt mit Limettenabrieb, etwas Limettensaft und Ahornsirup mischen.
3. Auf die gegrillten Pfirsiche 2 EL Joghurt geben und Pistazien darüberstreuen.

FRENCH TOAST

ZEITBEDARF: 10 MINUTEN VORBEREITEN • 5 MINUTEN GRILLEN

ZUTATEN FÜR 4 PORTIONEN

- 2 Eier, aufgeschlagen
- 150 ml Milch
- 1 EL Zucker
- Abrieb von ½ Tonkabohne (oder 1 Vanilleschote)
- 4 Scheiben Brioche
- Kokosraspel
- Früchte nach Belieben

1. Eier, Milch, Zucker und Tonkabohnenabrieb miteinander verquirlen. Die Brioche-Scheiben von beiden Seiten in die Eiermasse legen und sich etwas vollsaugen lassen.
2. Die Brioche-Scheiben auf dem Grill bei manueller Stufe »gelb« 5 Minuten grillen, danach mit den Kokosraspeln bestreuen und mit Früchten nach Wahl anrichten.

APFELRINGE

ZEITBEDARF: 10 MINUTEN VORBEREITEN • 5-7 MINUTEN GRILLEN

ZUTATEN FÜR 4 PORTIONEN

2 Äpfel
etwas Zitronensaft
4 TL Zucker
½ TL Zimt
8 Kugeln Vanilleeis
Honig
Granola (Rezept s. Seite 10)

1. Äpfel in gleichmäßige 1½–2 cm dicke Scheiben (4 Scheiben pro Apfel) schneiden und das Kerngehäuse entfernen (ausstechen oder mit einem Messer ausschneiden). Anschließend beide Seiten mit Zitronensaft beträufeln. Zucker und Zimt vermischen und auf die Apfelscheiben streuen. Im OptiGrill auf vorgeheizter manueller Stufe »rot« ca. 5–7 Minuten grillen.
2. Die Apfelscheiben auf einen Teller geben und jeweils 1 Kugel Eis in die Mitte setzen.
3. Mit etwas Honig beträufeln und Granola darüberstreuen.

Bibliografische Information der Deutschen Nationalbibliothek
Die Deutsche Nationalbibliothek verzeichnet diese Publikation in der Deutschen Nationalbibliografie. Detaillierte bibliografische Daten sind im Internet über http://d-nb.de abrufbar.

Für Fragen und Anregungen
info@rivaverlag.de

Wichtiger Hinweis
Ausschließlich zum Zweck der besseren Lesbarkeit wurde auf eine genderspezifische Schreibweise sowie eine Mehrfachbezeichnung verzichtet. Alle personenbezogenen Bezeichnungen sind somit geschlechtsneutral zu verstehen.

Originalausgabe
1. Auflage 2023

Türkenstraße 89
80799 München
Tel.: 089 651285-0
Fax: 089 652096

Redaktion: Ulrike Reinen
Umschlaggestaltung: Isabella Dorsch
Umschlagabbildung und Abbildungen Innenteil: Michael Gerhardy
Layout und Satz: Müjde Puzziferri, MP Medien München, www.mp-medien-muenchen.de
Druck: Florjancic Tisk d.o.o., Slowenien
Printed in the EU

ISBN Print 978-3-7423-2244-9
ISBN E-Book (PDF) 978-3-7453-2028-2
ISBN E-Book (EPUB, Mobi) 978-3-7453-2029-9

Wir produzieren nachhaltig
www.m-vg.de